Das Coronavirus und der hermetische Kanon

Das Coronavirus und der hermetische Kanon

Dr. Klaus Rosenlöcher

Das Coronavirus und der hermetische Kanon

BoD – Books on Demand, Norderstedt

Bibliografische Information der Deutschen Nationalbibliothek

Die Deutsche Bibliothek verzeichnet diese Publikation in der Deutschen Nationalbibliografie; detaillierte bibliografische Informationen sind im Internet über http://dnb.dnb.de abrufbar.

ISBN: 9783751922364

Herstellung und Verlag: BoD – Books on Demand, Norderstedt
Autor: Dr. Klaus Rosenlöcher
Coverbild: Dr. Klaus Rosenlöcher

ISBN: 9783751922364

Inhaltsverzeichnis

Das Coronavirus und der hermetische Kanon. Ein neoperspektivischer Ansatz.

Der vorliegende Text handelt nicht von der Geschichte des altrömischen Wagenlenkers in der Comicreihe "Asterix und Obelix" mit dem Namen Coronavirus. Oder vielleicht doch?

Auch der merkwürdige Umstand, ein pathogenes Wesen, wie ein sogenannter Virus, ausgerechnet mit dem Wort "Corona" (lat. Krone, Kranz) in Verbindung zu bringen, sei hier nicht von Belang. Der Hinweis auf mögliche optische Ähnlichkeiten mit diversen anderen Dingen ist naheliegend, aber zu banal.

Oder vielleicht auch nicht? Die umgangssprachliche Bedeutungsverschiebung von Corona als Kopfschmuck zu jener Art, der der umherziehenden lustigen Coronatruppe, könnte allenfalls nur von hintergründigem Interesse sein. Aber eventuell auch nicht?

Das sogenannte Coronavirus ist samt seiner Erscheinungsdynamik eine beispielhafte Entsprechung und Auswirkung im praktischen herkömmlichen Leben. Die offensichtlich zugrunde liegenden Prinzipien sollen in folgenden Überlegungen thematisiert werden, und sie beziehen sich natürlich auf alles Weitere und Andere mit einem dinghaften Charakterbild.

Hermetische Philosophie ist ein antikes komplexes geisteswissenschaftliches Konzept mit zeitlos stringenten Gewissheiten. Von Wahrheiten soll hier nicht gesprochen werden, denn die sogenannte Wahrheit ist nicht nur eine abgegriffene, sondern auch eine missgedeutete Formulierung. Wahrheit bedeutet genau genommen Bewahrung, und ist nicht das Gegenteil von Falschheit. Deshalb besteht ein jeder auf seiner Wahrheit, die ja eigentlich ein zu Bewahrendes ist.

Das hermetische System geht auf den sagenumwobenen Hermes Trismegistos zurück, eine summatorische geschichtliche Autorität und ein Inbegriff von nachhaltigen kulturübergreifenden kosmologisch-kosmogonischen Konzepten und Vorstellungen.

Das hermetische Programm ist die Auflistung (Kanon) von essenzialen Prinzipien, deren Erörterung jetzt erfolgt.

Prinzip 1 | Allgeistigkeit

Universum, Weltall, Welt, All sind allesamt Wortkonstrukte, als solche fiktionaler (gedachter) Natur, und folgerichtig die Entsprechungen von Gebilden, die einen ebensolchen Charakter aufweisen.

Damit ist auch die Wesensart der diesen Gebilden anhängigen Strukturen, Kreaturen und Dingen festgelegt. Alles ist ein feinstoffliches geistiges Geflecht in einem und mit einem feinstofflichen Geflecht. Oder wie z.B. René Magritte (belgischer Maler, Anfang 20. Jh.) es (Es) formuliert hat: "Alles was geschieht, geschieht in einem mentalen Universum."

Die zeitgenössisch-modernste Version dieser Aussage ist die Konzeption von der Vakuumenergie und Quantenelektrodynamik. Alles Dinghafte ist eine geisthafte Erscheinung, eine mentale Erfindung. Erfinder der Erfindung ist der Mensch, der sich natürlich obendrein selbst erfindet.

Mit dem Corona-Wesen verhält es sich nicht anders. Als Gegenständlichkeit verdankt es seine Existenz auch dem Erfindergeist des Menschen. Unser so besagter Verstand (kommt von verstehen, im Wege stehen!) ist keine Einrichtung, um irgendeine, wie auch immer geartete, angenommene Wirklichkeit naturgenau-korrekt abzubilden oder zu rekonstruieren. Mit dem Hinweis auf optische Gerätschaften und deren Funktionsweisen bestätigt sich nur, dass die gewöhnliche Vorstellung von Realitäten auch dementsprechende Techniken entwickelt.

Jedes Ding hat den Drang, seine Existenz zu bestätigen und notfalls auch zu legitimieren. Menschlicher Geist schafft Abhilfe. Es (was auch immer damit gemeint ist) erfindet einfach ein anderes Universum, ein Paralleluniversum, versieht es mit seinem Mobiliar, konzeptualisiert und erklärt es zu seinem Eigentum. Punktum.

Da erfahrungsgemäß menschliche Projekte immer wieder in Turbolenzen geraten, hat sich typischerweise die Erklärung generiert, dass Technik und Wissen noch in Weiterentwicklung begriffen seien. Irgendwie und irgendwann wäre das eigentliche Original aber identifiziert. Sofern der Leser dieser Meinung folgen möchte, sei ihm zu Bewusstsein gebracht, dass jedes Außensignal aus einer Außenwelt mehrmals kodiert und transformiert wird, ehe es zu einem hirnigen Projekt werden kann. Wie kann man da von Authentizität sprechen? Alles, was wir denkerich und sprachlich konzipieren können, sind Projekte des Projektleiters Mensch. Er (der Mensch, etymologisch der Mann) kreiert nach seinem Gutdünken alles und jedes. Übrigens ist dünken eine alte Bezeichnung für denken. Denken ist dünken, dünken heißt vermuten oder annehmen.

Biosysteme, also Lebensformen, sind favorisierte Objekte menschlichen Dünkens. Sie werden allesamt dem Prozess der Vermenschung ausgesetzt, der sogenannten Anthropomorphisierung. In einem respektlosen Akt selbstischer Überschätzung werden alle Wesen zu typisch menschlichen Interpretationen mit ebensolchen Merkmalen und Charakteristika. Dementsprechend gelten Viren als Winzlinge tierischer Spezies, aber potentiell gefährlich und nur schwierig kontrollierbar. Sie dringen ein, bemächtigen sich, verändern Gesellschaft, Politik und Wirtschaft, beuten aus, ruinieren und zerstören letztendlich. Alles uns Menschen bekannte Verhaltensmuster.

Bei dieser Gelegenheit wäre eine Frage interessant. Warum scheint das Virus mit der Krone, Lungen bevorzugt anzugehen? Neben den üblichen, auch fachspezifischen Antworten, könnte eine perspektivistische Variante ein anderes, vielleicht klügeres Verständnis der Zusammenhänge bewirken.

Lungen stehen für das Lebensprinzip als solchem und veranlassen Lebensfreude und Mut. Der Leser möge sich jetzt selbst einen (seinen) Reim darauf machen. Biologisches ist als gehirnlos denkbar, nicht aber als atemlos. Folgen wir menschlicher Einschätzung, dass wir das Maß aller Dinge seien (unserer Dinge) und die Beobachtung des Äußeren mit der des Inneren korrespondiert, so könnte der eigentliche Sinn der Viruserscheinung darin bestehen, menschliche Denk- und Verhaltensweisen zu spiegeln.

Etymologische Entsprechungen und Verbindungen

Virus (lat.) = Gift, Schleim (Sperma). Gift auch Mitgift, Brautgift. Gift (engl.) = Geschenk, Gabe. Vir (lat.) = Mann, Vis (Manneskraft). Viescere (lat.) = welken.

Im griechisch-römischen Altertum ist dem bekannten Geschwisterpaar Apollon - Artemis der Umgang mit Pfeil und Bogen wohl vertraut.

Apollon, als Gott des Lichts (!) und der Weissagung, verschießt todbringende Pfeile und sandte z.B. auch die Pest in das Heerlager der Griechen vor Troja.

Hingegen bedient sich Eros, der Gott der Liebe, als kosmogonische Urkraft und Ordner des ursprünglichen Chaos verstanden, ebenfalls Pfeil und Bogen, wobei die Pfeile nicht den Tod bringen, sondern allerhöchstens vergiften, erotisierend und aphrodisierend wirken.

Pfeil und Bogen, übrigens das Ursymbol menschlicher Liebeshandlungen! Die Geschlechterwesen vergiften sich gegenseitig. Kein Wunder, dass Vergiften mit dem Samenerguss und Vergiftung mit der Schwangerschaft gleichgesetzt wird.

Antike virile Phantasien, aber zeitlos, oder ?

Prinzip 2 | Denken heißt Erschaffen

Alles dem menschlichen Bewusstsein Bewusstes und nicht Bewusstes sind aus ihm selbst hervorgegangen. Die Unterscheidung von verschiedenen Bewusstseinsgraden, über und unter (un) geschieht willkürlich und entspricht der Natur des Denkens. Unterscheidungen von Unterscheidungen zu treffen, Differenzen zu berechnen und Gegensätze zu schaffen. Eine ununterbrochene Abfolge von Dekomponieren und Komponieren, Konstruieren und Destruieren. Übrigens, das komputarische Internet des Menschen ist nur eine bescheidene Version des allgeistigen Globalnetzwerks.

Menschlicher Geist erfindet (s. er-findet, ein Androgenismus!). Erfinden bedeutet Denken, Erdenken und damit Wandel erzeugen. Im Sinne klassischer metaphysischer Vorstellungen dreht sich das Rad des Lebens und des Denkens unentwegt. Aufbauen und Abbauen, verdichten und lösen. Das Solve et Coagula der Alchemisten als altehrwürdige Formel und Arbeitsanleitung ist den modernen Konzepten der Quantenelektrodynamik nur vorausgegangen. Allein die Beobachtung eines sogenannten Quantenprozesses reicht aus, ihn quasi zu fixieren und einzufrieren, zu konservieren.

Beobachtungen, unentwegt und permanent betrieben, sind Denkvorgänge, die realitätsbildend sind. Sollten die Denkergebnisse oder Mentalkonserven dem Denker als heikel oder überflüssig erscheinen, kann er sie in den dunklen Keller seines unbewussten Bewusstseins verschieben, besser gesagt, verdrängen. Um einen zeitgenössischen Vergleich zu gebrauchen: das gewaltige, Raum-Zeit übergreifende Reservoir des Unbewussten entspricht in etwa der Summe aller Datenbanken, sofern sie schon immer existiert hätten.

Jedes Ereignis, auch das hier betreffende, muss als Denkprozess verstanden werden. Die virale Intervention findet offensichtlich und bevorzugt in Hals und Lunge statt. Doch was ist mit anderen Organbereichen? Für das zentrale Nervensystem sieht man, prima vista, keine Gefahr.

Doch das ist zu kurz gedacht. Jede existenzielle Krise erzeugt Angst und Panik, belastet und irritiert unsere Gesamtverfassung, stresst vor allem unser Gehirn. Eine entsprechende Gesundheitsbelastung und Organstörung ist oft genug eine Parallelfolge. Kein Wunder, alles ist ja „ all in one" und „one in all".

Denken ist keine isoliert denkbare Tätigkeit, sondern immer auch der Kofaktor des Sprachlichen. Gedachtes wird gesagt, und Gesagtes wird gedacht. Würde man (frau) versuchen, über das Denken und das Sprachliche selbst nachzudenken oder zu sprechen, befände man (frau) sich in der absurden und paradoxen Lage, ein Phänomen beschreiben zu wollen, aus dem man selbst hervorgeht. Das Objekt, das mich zum Nachdenken und Sprechen veranlasst, ist dasselbe, was ich dafür brauche! Der Uroboros lässt grüßen. Das Bild der urzeitlichen Kreatur, die sich unentwegt erzeugt und wieder verschlingt. Dieser Selbstreferenzialität und Rückbezüglichkeit kann ich nicht entkommen, es sei denn, ich würde aufhören, zu denken und zu reden.

Ein besonderer Denkstil ist der, der im sogenannten wissenschaftlichen Erfahrungsbereich des Menschseins gepflegt wird. Wissenschaftler, also Menschen mit Vorliebe für das Erklären, versuchen nach einem gemeinsamen vereinbarten Standard, die Entstehungsweisen von allerlei Phänomenen zu beschreiben. In der Hoffnung allerdings, dass sich das die Phänomene auch gefallen lassen. Der Grundsätzlichkeit des numinosen Seins ist damit nicht beizukommen. Allenfalls ist eine asymtotische Annäherung möglich. Der Mensch, der sich vom gewöhnlichen Evolutionsgedanken beseelt fühlt, könnte spaßeshalber sich vorstellen, wie er auf der Rundheit der Erdkugel balanciert und feststellt, dass eine Vorwärtsbewegung gleichzeitig ein Rückwärtsgehen ist. Dazu würde die Zen-Weisheit passen, dass der Fisch der einzige ist, der nicht weiß, dass er im Wasser ist.

Prinzip 3 | Die Essenz aller Dinge ist Bewegung

Der Raum, den wir Geist nennen, und den wir in Bewusstheit, Denken und Sprache entfalten und in Eigenerfahrung leben, ist per se schon eine Sphäre der Bewegtheit und Bewegung. Die Vorgänge des Schreibens, Berechnens, Imaginierens und Interpretierens sind weitere Dynamiken dieses Raumcharakters. Desweiteren sind alle fokussierten Objekte ihrerseits Erscheinungen von Vibration und Schwingung.

Ein Zusammenhang mit modernen quantenphysikalischen Vorstellungen ist mehr als deutlich. Beobachter, Beobachtung Beobachtetes sind ein gemeinsames Feld der Bewegtheit und vernetzter Einheitlichkeit. Daran ändert auch ein Bewusstseinsaspekt nichts, allerlei Differenzierungen anzubieten.

Eine dieser Entwürfe ist das Schema der Elemente und Aggregate. Dinge gelten entweder als fest, flüssig oder gasförmig, in der Vorstellungswelt korpuskulärer Atome und Moleküle eine Frage dichter oder lockerer Anordnungen. Letztlich oder besser vorletztlich entscheidet in der Quantenwelt die Intelligenz der subatomaren Wesenheiten, die ihrerseits aber den menschlichen Denkvorgängen folgen!

Denken steuert mit emotionaler Unterstützung Materie. Allein diese Erkenntnis ist grandios und erschütternd zugleich und hat das Potential, Leben neu einzuschätzen. Das gewöhnliche Alltagsbewusstsein geht von einer vorbewusstlichen Urwelt aus, dem sogenannten Chaos (griech., wüstes Durcheinander) und hält sich für befähigt und autorisiert diese scheinbare Desorientiertheit in eine bessere Verfassung zu bringen. Die unselige Ideologie "Macht euch die Erde untertan" war und ist immer noch eine missverstandene fatale Aufforderung, mit der Legitimation zur Zerstörung und Ausbeutung.

Der blinde Glaube an eine menschliche Sonderstellung ist an sich schon ein Irrwitz. Das aber sich darüber hinaus noch von einer supramenschlichen Autorität (???) absegnen zu lassen, zeugt gelinde gesagt von grenzenloser Unwissenheit. Oder ist vielleicht einfach nur berechnender Opportunismus. Den Ast, auf dem man sitzt, anzusägen oder gar abzusägen, ist schon eine seltsame Vorstellung. Aber nicht zu wissen, zu welchem Baum er gehört, Lebensbaum oder Erkenntnisbaum, ist autoaggressiv und dumm.

Vom Baum der Erkenntnis zu fallen, kann eine relative Belehrung bedeuten. Der Sturz vom Baum des Lebens ist dann schon eine andere Erfahrung. Aber was ist, wenn beide Bäume identisch sind.

Übrigens Bäume sterben in der Regel nicht durch den Borkenkäfer, sondern durch den Menschen.

Prinzip 4 | Der Kreis oder die zirkuläre Rückbezüglichkeit

Humberto Maturana, bedeutender, renommierter und zeitgenössicher Biologe und Systemanalytiker, hat ein schlüssiges Modell der Dynamik biologischer Systeme erdacht.

Dieses nach kybernetischen Prinzipien ausgerichtete Verhalten nennt er Autopoiese. Nach diesem Entwurf sind alle sogenannten biologischen Systeme Ergebnisse ihrer selbst.

Alle Prozesse, die zum Entstehen, Erhalt und Auflösung führen, sind eigendynamische Vorgänge. Das, was ich esse und verarbeite, dient dem Erhalt und Fortbestand meiner selbst. Das, was ich mache, macht mich auch selbst.

Tun jeglicher Art kehrt zum Initiator und Protagonisten schleifenförmig zurück. Das Ich führt als Selbst sich auf sich selbst zurück.

An dieser Stelle sei jetzt auf die Bedeutungsveränderung hingewiesen, die eine kleine, aber bedeutsame Worterweiterung zustande bringen kann.

Das sprachliche Präfix "Selbst" oder "Auto" gibt jedem anhängigen Begriff eine rückweisende Richtung. Damit entsteht aus Verantwortung Selbstverantwortung, aus Hass Selbsthass, und eventuell aus Erkenntnis Selbsterkenntnis.

So, wie sich das im persönlichen Feld zuträgt, so geschieht es auch in der Totalsphäre des Kollektivs. Dann repräsentiert der Einzelne das Gesamte, und das Gesamte geht im Einzelnen auf.

Das Leben ist ein Kreis. Das Motto heißt Erzeugen und Er-
lösen. Eine beeindruckende, zeitlose transkulturelle Bild-
sprache ist die des Uroboros. Eine Kreatur, die sich unabläs-
sig selbst erzeugt, und wieder verschlingt.

Das Coronavirus ist vielleicht doch eine Verkörperung jenes
schon erwähnten altrömischen Wagenlenkers, der, gemäß
seines Auftrages, Kreise im Rund der Arena fährt.

Wenn es noch keinem aufgefallen sein sollte, die Erde ist
eine Kugel, und sie dreht sich!

Prinzip 5 | Analogismen, Entsprechungen, Korrespondenzen: wie im Großen, so im Kleinen; wie innen, so außen; wie oben, so unten

Entsprechungen, Vergleiche und Analogismen (eventuell ein Unwort für Digitalisten) sind für die meisten Menschen rhetorische Stilmittel oder Ausdrucksformen sprachlicher Gewandtheit. Bei näherer Betrachtung aber ermöglichen sie tiefere Einblicke in Menschheitsgeschichte, Kultur und Bewusstheit, respektive Unbewusstheit.

Unbewusstheit, das sei an dieser Stelle noch mal betont, gilt als virtueller Speicher von allem jemals Gedachtem, Erfahrenem und Getanenem. Und das in globalen, transkulturellen, zeitlosen Dimensionen.

Das Unbewusste als zentrales Archiv menschlicher Erfahrungsbereiche und mentaler Muster. Aus dieser Sphäre wird überwiegend unser aller Bewusstsein angesteuert (und schon sind wir bei diesen Aussagen selbst im Entsprechungs- und Analogmodus). Da die Dimension Zeit eine Funktion der Raumdimension ist, und umgekehrt, kann sich eben zu jeder Zeit und Raum unabhängig jede Entität aus den unbewussten Zonen in unser Alltagsbewusstsein sedimentieren, und unser Denken und Handeln bestimmen.

Der Kopf ist nicht nur für uns eine anatomische Dinglichkeit, sondern gilt, abstrakt verstanden, als eine Steuerungs- und Schaltzzentrale, ein Oberhaupt, ein Anführer, ein König, ein Präsident.

In diesem Zusammenhang könnte der antike griechische Mythos von der schrecklichen Hydra interessant sein. Ein neunköpfiges Ungeheuer, das sein Unwesen (eine beachtenswerte Formulierung) treibt, und von Enthauptungsattacken sich nicht aufhalten lässt. Wächst ja doch jeder abgeschlagene Schädel zweifach nach. Dem neunten zentralen Kopf ist sowieso nicht beizukommen, denn er ist absolut und unsterblich.

Eine Fülle von Analogismen tun sich jetzt auf. Ein Übel beseitigen, kann oft mehr Übelkeit provozieren? Sich einer Führung zu entledigen, bedeutet oft, ähnliche oder gar schlimmere nachfolgen zu lassen?

Ist der neunte, immortale Kopf womöglich die Verkörperung des Absoluten? Immer da, und völlig unabhängig. Trotz dauernden Veränderungen bleibt das fundamentale Prinzip der unabhängigen Autorität davon unberührt und unabhängig?

Die numerische Neun (9) korrespondiert übrigens mit dem Kontakt zur Absolutheit. Jedenfalls hat sich der Kopf eine exponierte Stellung verschafft. Als Vorsteher, Chef und Spitze der Pyramide von der aus Weisungen und Direktiven in immer größer werdende Abhängigkeiten hierarchisch verteilt werden können.

Dieses Steuerungs- und Kontrollsystem sollte höchst intelligent, total unabhängig, also weise agieren können. Eine menschliche Intelligenzform kommt dafür natürlich nicht in Frage. Wer das in Zweifel stellt, der würde sich beispielsweise anmaßen, die numerischen Dimensionen eines zellulären Organismus verstehen zu können.

Ein quadratischer Container, mit ca. 50 Meter Kantenlänge, gefüllt mit Sandkörnern in Millimetergröße, entspräche in etwa der Anzahl von lebenden Zellen in einem Organismus, wie z.B. dem des menschlichen. Rechnet man alle bekannten Organisationsformen und Steuerungseinheiten noch dazu, so offenbart sich ein Mega-Gigantismus, der mit menschlichen Maßstäben inkommensurabel ist.

Trotz aller Unwissenheit aber existieren wir. Das lässt nur den Schluss zu, dass die omnipotente, omnisziente Intelligenz in uns, wie auch in allem Lebenden, inkarniert sein muss, und das für alle Zeit, omnipräsent. Wie die herkömmliche Medizin damit korrespondieren sollte, wäre ein Thema an anderer Stelle.

Der Entsprechung "wie oben, so unten" folgt die Entsprechung "wie innen, so außen".

Innenwelt - Außenwelt. Die damit verbundenen Perspektiven sind die Auswirkungen eines genialen cerebralen Berechnungsvorgangs, eines Algorithmus zur Herstellung von allerlei Welten, insbesondere die Fiktion von innen und außen.

Von der so selbstverständlichen Abgrenzung von Wesenheiten zu ihren Wesensregionen. Die blind akzeptierte und dogmatisierte Vorstellung von der Getrenntheit der Dinge ist ein Fluch des diskursiven Denkens und eine unselige fatale Geisteshaltung, der alle desaströsen Geschehnisse zu schulden sind.

Das sogenannte Innere und das sogenannte Äußere sind in Wahrheit nicht separiert, sondern integriert. Sie spiegeln sich unentwegt wechselseitig, sind sich aber ihrer Vernetzung nicht bewusst, und denken und handeln aus Eigennutz, Hass und Verblendung (heißt: geistig blind sein).

Das Entsprechungspaar "wie oben, so unten" hat grundsätzlich einen kosmologisch-kosmogonischen Hintergrund, und stammt aus präastronautischen Zeiten.

Die Göttlichkeit oben, der menschliche-terristische Bereich unten. Allerdings bleibt davon die entsprechende Beziehung von Göttlichkeit zum Menschsein unberührt. Das Absolute ist stets im relativen Menschsein enthalten, ist quasi inhärent. Wie OBEN so UNTEN.

Wie im Kleinen, so im Großen. Wie im einzelnen Menschen, so in der Menschheit, und umgekehrt. Der Zustand im Kleinen spiegelt sich im Großen der Welt, und umgekehrt. Alles korrespondiert mit Allem. Der Mensch mit der galaktischen Erdmutter, die Sonne mit der Lebenslust und dem Gold, der Mond mit dem Unbewussten usw.

Coronaviren entsprechen menschlichen Denkkreaturen und sind Geschöpfe aus dem Dunkel des Unbewussten der Menschheit. Es sind (Er)Zeugnisse menschlicher Existenz. Sie sind Beispiele für menschliche Verhaltensmuster und Indikatoren für eine Dysbalance der Menschheit selbst.

Prinzip 6 | Absolut und Relativ

Alles, was wir denken und sprechen, sind Anfertigungen von Unterscheidungen. Jeder Gedanke, jedes Wort sind formal sowie inhaltlich Differenzierungen. Die angenommene ursprüngliche Stille des Seins wird durch eine rasant wachsende Flut von verschiedensten Signalen aufgebrochen und im Dauerlärm dieser Welt kaum mehr wahrgenommen. Das scheinbar in den Hintergrund gedrängte Absolute ist ja deshalb das Absolute, weil es in sich selbst ruht, allein existiert, keinerlei Stützen bedarf und frei ist von allen Abhängigkeiten. Es ist die sogenannte Ipseität, deren Entsprechungen im Vokabular sämtlicher Glaubenssysteme und Glaubensrichtungen vorkommen, nur mit anderen Namen.

Relatives ist nicht dem Absoluten entgegengestellt, denn das Absolute wäre nicht absolut, wenn es auf Referenzen angewiesen wäre. Das Prinzip der Absolutheit entzieht sich jedem Nachdenken und Spekulieren, ist an sich wort- und sprachlos, und ist doch omnipräsent, omniszient und omnipotent. Wenn nicht Unwissenheit und Verblendung am Werke wären und das Wort der Worte nicht so ungebührlich trivialisiert wäre, wäre es einfach GOTT.

Wesen, wie die Mikrostrukturen der Viren, müssen in menschlichen Erfahrungsbereichen benamt sein. Nur dadurch erhalten sie den notwendigen Objektcharakter, mit dem gewöhnliches Denken dann umzugehen weiß. Der Name ist ein Identifikationsetikett, und es wird mit Bedacht ausgewählt. Oft sind es aber Vorstellungen und Mitteilungen aus dem Unbewussten. Dementsprechend können wir Ursprung und Zusammenhänge teilweise nur erahnen oder gar nicht kennen.

Die Wortgeschichte "Virus" im klassisch-lateinischen Sinne, die typischen Verflechtungen mit anderen Begriffen und Worten ist bekannt. Über einen wohl weiteren, möglichen Herkunftsaspekt kann noch spekuliert werden.

Auch wenn dieser den meisten Befürwortern des klassisch-traditionellen Weltbildes als obskur und mysteriös vorkommt, so kann er doch den Denker nicht dümmer machen!?

Danach kann das Wort "Virus", das V wie F gesprochen, der Zahl 4 entsprechen. Virus gleich Vierheit gleich Vierus. Die Symbolik von Zahlen ist uraltes Kulturgut. Vier (4) gilt synonym für das vorherrschende Paradigma, Gesetz und Ordnung.

Die 4 ist aber auch eine Quersumme von 13, und deren Bedeutung ist volkstümlich nicht unbekannt. Die numerische Ankündigung von Umwandlung, Veränderung und Tod. Hirngespinst?

Dem eitlen Skeptiker sei in Erinnerung gerufen, dass Hirngespinste es sind, die jegliche Arten von Welt zusammenweben und allemal ihn auch selbst.

Meta-Logisches

Die Welt ist eine Geschichte, die von Menschen erzählt wird und von Menschen erzählt.

Das Schicksal der Welt ist das Schicksal der Menschheit, und das Schicksal der Menschheit ist das Schicksal der Welt.

Begegne allen Menschen mit Wohlwollen und Verständnis, die wissen, dass sie nichts wissen, hüte dich aber vor jenen, die nicht wissen, dass sie nichts wissen.

Prinzip 7 | Frau und Mann

In dieser unserer dualistisch ausgerichteten Welt differenzieren wir permanent Gegensätze von Gegensätzen. Damit ermöglichen wir uns Orientierung und weitgehende Kontrolle. Doch es sollte auch klar sein, dass wir eine Welt leben, die in einer anderen Welt enthalten ist, deren Natur wir aber nicht kennen. Es sind nur vage Vermutungen und Ahnungen, die uns dämmern, wenn wir an die Grenzen unserer Welt stoßen, und die Bedingtheiten der anderen sich dann zu eröffnen beginnen. Das Dasein, was wir Menschen hervorbringen, ist ein Projekt der Rückbezüglichkeit. Alles, und wirklich alles, kehrt auf den Verursacher oder die verursachenden Bedingungen zurück und reformiert und modifiziert die weiteren Prozesse, die ihrerseits erneut einen Wandel provozieren, der seinerseits … usw.

Die Strategie des Differenzierens und Analysierens geht zwar weitgehend auf, und die Ergebnisse suggerieren Sicherheit und Richtigkeit, aber nur was die von Menschen erschaffene Realität betrifft. Giambattista Vico (17. Jh., Rhetorikprofessor aus Neapel) hatte diesen Sachverhalt so formuliert: "Gott ist der Schöpfer der Natur, der Mensch der Gott der hervorgebrachten Dinge."

Die Zerlegung der Welt, jeder ganzen Welt, ist ein Akt der Zerstörung, und geschieht meist aus Unwissenheit und Respektlosigkeit. Ein Vergleich mit der Geschichte vom goetheanischen Zauberlehrling, der jene Kräfte rief, die er nicht mehr kontrollieren konnte, ist inspirierend und lebensnah zugleich. Eine tranchierte Einheit bedeutet natürlich auch eine Zergliederung der formgebenden und formerhaltenen Kräfte. Der routinemäßige Hinweis auf die Erforschung der Natur im Interesse der Menschheit ist reiner Opportunismus. Diversivitäten entdecken, heißt meist auch sie ausbeuten. Die Gegenüberstellung von Objekten jeglicher Art, und alles, was uns gedanklich anregt, kann dingfest gemacht werden und einen Objektstatus erhalten, mag der besseren Navigation in unserem Universum dienen.

Im Bereich des geschlechtlichen Zusammenlebens, der Sexualität, bedeutet das allerdings einen folgenschweren Irr-
tum zu begehen. Allein schon die Wortschöpfung selbst,
Sexualität, impliziert das Trennende, das Getrenntsein (la-
teinische Ableitung von secare = abschneiden), die gelebte
Realität aber ist dann die Manifestation dieser Geisteshaltung. Mann gegen Frau, Frau gegen Mann, und weniger
Mann mit Frau bzw. Frau mit Mann. Sämtliche tiefenpsycho-
logisch fundierten Interpretationen und historistische Kon-
zepte wären jetzt gefragt, aber ein Blick in das allgemeine
volkstümliche Vokabular ist schon ziemlich anregend, das
Erfahren von diversen sozio-kulturellen Stilvarianten aber
dann schon eindeutig.

Sexualität ist, so wie sie herkömmlich und allgemein verstanden wird, oft nur gelebter Sexismus. Das damit einer
der schlimmsten Trugschlüsse der Menschheitsgeschichte
inszeniert ist, fällt den Meisten nicht auf. Dabei sind Männer
genauso feminin disponiert, wie Frauen maskulin mitbe-
stimmt sind (s. physiologischer Hormonstatus). Man könnte
auch - lax formuliert - Männer als Frauen ohne Gebärmutter
verstehen, und Frauen als Männer mit Gebärmutter.
Schlussendlich sind Frau und Mann keine konträren Gegen-
sätzlichkeiten, sondern die jeweils hälftigen Aspekte der
menschlichen Ganzheit. Komplementäre Erscheinungen, die
ihren wahren Sinn erst in der Ergänzung finden.

Im abendländisch-christlichen Paradigma beginnt die Welt
nicht mit Adam und Eva, sondern mit der Geschichte um
sie. Und wer hat sie erzählt? Welchen Geschlechts mag dieser Autor wohl sein? Außerdem geht es nicht alleine um die
bekannten Personalien, sondern um die damit verbundene
Konfliktlage. Die Anwesenheit der Schlange ist von grund-
sätzlicher Bedeutung, der Apfel und Apfelbaum im umzäun-
ten Lustgarten (Paradies) genau so. Wenn am Beginn eines
Großprojektes, wie das des irdischen Planeten, bestimmte
Umstände und Bedingungen herrschen, so kann es wahr-
scheinlich sein, dass diese sich auf lange Zeiten konservieren und die Orientierung bestimmen.

Im Genesis-Szenario gilt die Schlange, ein wahrhaft oft gebrauchtes Symbol und Analogon, als Auslöser der Geschlechterkontroverse. Die phallusartige Viper (s. wortgeschichtliche Nähe zu Virus) kontaminiert bzw. infiziert den Apfel (Symbol der Erde, Herrschaftsgebiet des Mannes, Abbild der Fruchtbarkeit und nicht zuletzt auch Objekt erotischer Lust), lässt Eva davon kosten, ehe sie ihn an Adam weitergibt. Ein abgesprochener, gemeinschaftlicher Intoxikationsakt. Allerdings mit der Frau in der Mittäterrolle und dem Mann als scheinbar ahnungslosem Opfer.

Ein Präzedenzfall in der Kirchengeschichte war geboren, eine zentrale Orientierung gesetzt, und der Geschlechterkampf war eröffnet. Zu anderen Zeiten, in anderen kulturell relevanten Regionen, soll der Geschlechterkampf ein Aufbegehren des Mannes gegen das zuvor herrschende Matriarchat gewesen sein. Es soll dort geschehen sein, wo seit langen Zeiten, bis heute eine misogynes Patriarchat dominiert. Eine rückläufige Vergeltungsmaßnahme? Die Rache des Mannes an der Frau?

Summa summarum kann man die gegenwärtige Virusoffensive (Coronavirus-Krise) als eine reaktive Entladung verstehen. Der unentwegt schwelende Geschlechterbrand kommt dafür ursächlich in Frage. Schließlich handelt es sich um ein infektiöses Geschehen, der ursprünglichen Bedeutung nach eine Vergiftung!! Die pandemische Dimension dieses Flächenbrandes lässt auf seine Intensität und Bedeutung schließen. Die in Schieflage gekommenen formgebenden und belebenden Kräfte bringen das irdische Lebenskonzept in arge Bedrängnis. Das VIRUS, das KIND der Eltern, italienisch "genitori" (Erzeuger) will die Eltern zur Räson rufen.

Die Frage ist nur, ob die Eltern diesen Ruf vernehmen. Die bildhafte Vertreibung aus paradiesischen Sphären geschieht mit dem Schwert, dem flammenden, um es genauer zu sagen. Das Schwert ist das Sinnbild des diskursiven, dualistischen Denkens. In lodernde Flammen gehüllt, entspricht es der höchsten Erkenntnisfähigkeit.

Der Verweis aus dem Garten Eden, trifft den Menschen als Paar. Damit ist der Menschheit kollektives Schicksal gemeint.

Aber das, was uns vertreibt, ist dasselbe, was uns auch wieder heimkehren lässt.

Konklusion …
ist die Inklusion der Exklusion.

Wenn wir im Leben sterben lernen,
können wir zum wirklichen Leben erwachen.

Der Androgyn ist das Ziel.